BEI GRIN MACHT SICH IHR WISSEN BEZAHLT

- Wir veröffentlichen Ihre Hausarbeit,
  Bachelor- und Masterarbeit

- Ihr eigenes eBook und Buch -
  weltweit in allen wichtigen Shops

- Verdienen Sie an jedem Verkauf

Jetzt bei www.GRIN.com hochladen und kostenlos publizieren

Ali Durdu

Die Esskultur im Osmanischen Reich

GRIN Verlag

Bibliografische Information der Deutschen Nationalbibliothek:

Die Deutsche Bibliothek verzeichnet diese Publikation in der Deutschen National-
bibliografie; detaillierte bibliografische Daten sind im Internet über http://dnb.d-
nb.de/ abrufbar.

Impressum:

Copyright © 2010 GRIN Verlag GmbH
Druck und Bindung: Books on Demand GmbH, Norderstedt Germany
ISBN: 978-3-656-29701-7

Dieses Buch bei GRIN:

http://www.grin.com/de/e-book/203164/die-esskultur-im-osmanischen-reich

Universität Duisburg-Essen

Kulturgeschichte des Essens in der Frühen Neuzeit

Die Esskultur im Osmanischen Reich

Ali Durdu

Inhaltsverzeichnis

1.Einleitung

In der vorliegenden Hausarbeit geht es um die Esskultur der Osmanen. Eine der wichtigsten Literaturangaben, die es auf Deutsch gibt, ist das Buch „Kultur und Alltag im Osmanischen Reich" von Suraiya Faroqhi. In meiner Hausarbeit werde ich mich hauptsächlich auf dieses Buch beziehen.

Außerdem werde ich Fragen beantworten wie zum Beispiel das Essen im Sultanshof zubereitet wurde oder wie sich die Gerichte im ganzen Land verbreitet haben. Wie war das Essverhalten am Tisch? Wie haben die Osmanen am Sultanshof gegessen im Gegensatz zu den ärmeren Landbewohnern?

Zu Beginn erfolgt eine kurze geschichtliche Einführung in das Osmanische Reich und im weiteren Verlauf werden genauere Einblicke in die Esskultur der Osmanen vermittelt.

Der Leser/die Leserin erfährt etwas über die Grundnahrungsmittel der Osmanen und welche Bedeutung das Brot in dieser Zeit hatte. Danach werden die folgenden Nahrungsmitteln: Nudeln, Weizenbrei und Reis näher erklärt.

Im Folgenden werden Fleisch- und Fischgerichte in ihren verschiedenen Varianten vorgestellt. Als Nächstes kommt eine Unterscheidung von Obst und Gemüse, die auf dem Lande angebaut wurden. Durch die Obstsorten konnten die Osmanen ihre Süßspeisen zubereiten und ihre vielfältigen Getränke genießen.

Anschließend beschäftigt sich die Hausarbeit mit der Fastenzeit, also mit dem Ramadan, und stellt die dazu gehörenden Sitten und Traditionen vor. Hierbei werden die Tischsitten und die Zusammenstellung des Menüs besonders hervorgehoben.

Durch die Einteilung der Nahrungsmittel kann man die Vorlieben des Osmanen sowie ihre Neigungen zu gewissen Speisen im Einzelnen erfahren.

2.Das Osmanische Reich

Im späten 13. bis ins 14. Jahrhundert hinein war der Name „Osman" ein Attribut der Dynastie, welches dazu diente, es von den benachbarten Emiraten zu unterscheiden. Nach einiger Zeit änderte sich die Eigenbezeichnung auf „Osmanli" und diese Bezeichnung stand für die herrschende muslimisch-türkische Elite. Die Osmanen legten besonderen Wert auf ihre Literatur, da es für sie ein wichtiges Merkmal war. [1]

Der Sultan stand als absoluter Herrscher an der Spitze des Staates. Er hatte einen Großwesir, der die Regierungsgeschäfte erledigte. Aber er durfte seine Entscheidungen nicht allein treffen und musste mit dem Staatsrat abstimmen. Der Staatsrat setzte sich aus dem Militär und der Verwaltung zusammen. [2]

Zu Beginn des 17. Jahrhunderts gab es im Osmanischen Reich Gründe, die den Niedergang des Reiches verursachten. Dazu zählten die Haupthandelswege der Welt, wodurch sich die Einnahmen aus Zoll sowie Steuern verringerten, und dass das Reich sowohl im Osten als auch im Westen an die Grenze seiner Expansionsmöglichkeiten stieß. Die Finanznot hatte zur Folge, dass Ämterverkauf, Vetternwirtschaft sich weitgehend ausbreiteten. Auch militärisch kam es zu Misserfolgen und dies zeigte sich dann bei der Niederlage vor Wien 1683. Im 19. Jahrhundert war das Osmanische Reich kein ernsthafter Gegner mehr für die europäischen Großmächte und es wurde mehr oder weniger zum Spielball dieser Mächte. [3]

1914 trat das Osmanische Reich an der Seite von Deutschland und Österreich-Ungarn in den Ersten Weltkrieg ein. Erst 1922 endete der Krieg für die Osmanen mit der Befreiung des türkischen Bodens von den fremden Mächten. Dann setzte am 1. November Mustafa Kemal Atatürk, der Gründervater der neuen Republik Türkei, den letzten Sultan ab. Somit endete auch die Herrschaft der Osmanen. [4]

---

[1] Vgl. KREISER KLAUS: Der Osmanische Staat 1300-1922, München 2001, S.1.
[2] Vgl. http://www.br-online.de/wissen-bildung/collegeradio/medien/geschichte/bosporus/hintergrund/
[3] Vgl. ebd.
[4] Vgl. ebd.

3. Esskultur der Osmanen

3.1 Das Essverhalten

Die Osmanen legen sehr viel Wert auf ihre Esskultur, deshalb werden wir genauere Einblicke in die türkische Küche ermöglichen. Zum Beispiel haben die Sultansfamilien bei Beschneidungsfesten oder ähnlichen Feiern sowie bei Zeremonien des osmanischen Hofes große Gastmähler gehalten. Allein auch für einen einzigen Gast wurde eine große Zubereitung angerichtet. Die ärmeren Dorfbewohner konnten sich solche großen Mähler nicht leisten.

Das Essen und Trinken der Osmanen hing zu dieser Zeit von der Landwirtschaft ab oder von dem Schiffsverkehr, durch den sich Nahrungsmittel auch aus anderen Gebieten herbeischaffen ließen. Die Stadtbewohner der Osmanen machten gewisse Überlegungen für die Verwendung der vorhandenen Nahrungsmittel. Zum Beispiel welches Nahrungsmittel sie für besondere Anlässe verwenden konnten oder welches eher für den alltäglichen Gebrauch war oder welches man für Notfälle aufbewahren sollte. Daher wurde Olivenöl in Anatolien meistens für Lampen genutzt und zum Kochen verwendete man Butterfett. Im Osmanischen Reich galt das Fleisch als ein Nahrungsmittel mit sehr hohem Sozialprestige. Damals war das Fleisch knapp und es entstand die Gewohnheit, es in kleinen Portionen zu essen. Beim gemeinsamen Essen war es sehr wichtig, dass Männer und Frauen getrennt aßen. [5]

3.2 Das Brot als Grundnahrungsmittel und die Teigwaren

Das Brot wurde in Anatolien fast nur aus Weizen gebacken. Das Weizenbrot fand man in verschiedenen Sorten. Die Menschen, die keinen Backofen hatten, backten auf Asche ein flaches Fladenbrot. Man backte Fladenbrot auch auf Vorrat, trocknete es und feuchtete es bei Bedarf vor dem Verzehr an. Aus demselben Teig machte man auch den sogenannten „börek", nur enthielt er eine Gemüse- oder Fleischfüllung, die im Backofen mit Fett gegart wurde. Zudem gab es zwei Brotarten; die eine war eher grob gehalten und die andere mit Fett überstrichen. Es wurden Brotringe gebacken; diese fand man in drei

---

[5] Suraiya Faroqhi: Kultur und Alltag im Osmanischen Reich, München 1995, S.229.

verschiedenen Sorten. Eine dieser Sorten war süß, die andere mit Sesam bestreut und die letztere sah dem mit Sesam sehr ähnlich. Bei Ausflügen oder Fahrten aß man auch gerne ein Fladenbrot, das von etwas Fett zubereitet wurde und „gözleme" genannt wurde. Neben diesen Brotsorten gab es noch eine Speise, die genannte „lokma" oder auch „Häppchen". All diese Sorten waren teurer als das gewöhnliche Brot. Die Menschen in der Stadt kauften die teureren Brotsorten eher bei Festen oder Ausflügen.

3.3 Die Nahrungsmitteln: Nudeln, Weizenbrei und Reis

Damals kannte man in Istanbul nur die Fadennudeln, aber Weizenbrei oder Weizensuppe war bekannt.[6] Das Gericht „mahice", vergleichbar mit der Maultasche oder anderen Nudelgerichten von heute, war sehr weit verbreitet. Der Weizenbrei sollte richtig stärken und die damals herrschenden Kämpfer ernährten sich davon. Zu den Luxusgerichten gehörte Reis, denn er wurde nur in begrenzten Mengen produziert. Der „einfache" Reis wurde mit Butter, Salz und Brühe gekocht. Dieser diente auch als Beilage zu den Hauptgerichten, wie z. B. zu Fleischgerichten und diversen Gemüseeintöpfe[7]. Bei Hochzeiten wurde der Reis mit Safran und Zucker als Süßspeise vorbereitet. Man kann daraus folgern, dass der Reis auch als ein Leibgericht zu sehen war.

3.4 Fleisch- und Fischgerichte

In Anatolien und in Istanbul aß man Schafs- und Lammfleisch[8]. Rindfleisch wurde auch sehr gerne gegessen, denn *„Rindfleisch wurde hauptsächlich in Form des Knoblauch gewürzten Dörrfleisches namens Pastirma gegessen, das auch im Istanbuler Preisregister von 1640 in zwei Sorten auftaucht."*[9] Geflügelfleisch wurde weniger konsumiert, da es sehr teuer war. Die osmanisch-muslimische Bevölkerung durfte kein Schweinefleisch essen und sie mochte dieses Fleisch auch nicht. Menschen, die in der Stadt lebten und arm waren oder die auf dem Lande lebten, konnten sich kein Fleisch leisten. Nur bei besonderen Anlässen oder wenn ein Tier wegen einer Verletzung notgeschlachtet werden musste, konnten sie Fleisch zubereiten und essen.

---

[6] Suraiya Faroqhi: Kultur und Alltag im Osmanischen Reich, München 1995, S.230.
[7] http://www.bodrumseiten.de/html/osmanische_gerichte.html
[8] http://www.bodrumseiten.de/html/osmanische_gerichte.html
[9] Suraiya Faroqhi: Kultur und Alltag im Osmanischen Reich, München 1995, S.231.

Neben den Fleischgerichten gab es auch Fischgerichte. In Istanbul konnten sich die Stadtbewohner leicht von Fisch ernähren, denn „zu bestimmten Jahreszeiten ziehen Fische in großer Zahl durch den Bosporus, wo das Angeln noch heute beliebt ist, und das nahegelegene Schwarze Meer ist ebenfalls fischreich."[10] Die Fische wurden entweder zu „pastirma" verarbeitet oder in Essig eingelegt. Eine sehr bekannte Stadt für Fischgerichte war Trabzon, welche am östlichen Ende des Schwarzen Meeres liegt. In Trabzon wurde Fisch nicht nur gebraten, sondern auch in Suppe gegessen oder als Soße verwendet sowie auch als Füllung in Teigwaren zubereitet. Dazu waren Sardellen gut geeignet, da diese geruchsfrei sind.[11]

3.5 Obst und Gemüse

Ein beliebtes Essen, was im Sommer bevorzugt wurde, nannte man „cacik"; dieses besteht aus Gurken, Knoblauch und Joghurt. An Gemüse kannte man damals Spinat, Möhren, Zwiebeln, Kohl, Rüben und Weinblätter. Laut Suraija Faroqi weiß man, dass Prinz Cem ein Dichter war sowie 20 Tage als Sultan regierte (1459-1495) und gerne Melonen, Trauben, Äpfel und Birnen aß. In Kütahya gab es vierundzwanzig verschiedene Birnen sowie sieben unterschiedliche Kirschen und auch Weintrauben. Man lobte auch die Zitrusfrüchte, Feigen, Mandeln und Granatäpfel, die an der ägäischen Küste zu finden waren. In Diyarbakir erhielt man saftige Melonen. Auch hatten die Osmanen Pfirsiche zu essen, die in Edirne angebaut wurden.

3.6 Die Süßigkeiten

Die osmanische Küche hatte viel an Süßigkeiten zu bieten. Dafür waren die auserwählten Früchte sehr beliebt. Sie konnten ihre süßen Nachspeisen mit ihren Früchten schmücken. Dazu zählten auch Rosinen und Korinthen. Zum Süßen der Speisen waren auch Honig und Traubensirup gut geeignet. Sehr luxuriös war der Rohrzucker, welcher aus Ägypten und Zypern kam. Zudem wurden Zimt, Anis und Nelken angeboten.

Für die Herstellung der Marmeladen waren Früchte und Zucker von großer Bedeutung. „Am Hofe des Fürsten (Khans) von Bitlis (…)" habe man „nicht nur

---

[10] Suraiya Faroqhi: Kultur und Alltag im Osmanischen Reich, München 1995, S.232.
[11] Vgl. ebd., S. 232.

Zitronen-, Rhabarber- und Birnenkonfitüre genossen, sondern auch solche aus wilden Mohrrüben, Johannisbeeren und Muskatnuß." [12] Neben den Marmeladen gab es eine Menge an gesüßtem Fruchtsirup, der bei besonderen Anlässen nicht fehlte. Sehr bekannt war Scherbett; dieser wurde aus Aprikosen, Granatäpfeln und Rhabarber gemacht. Zusätzlich genossen die Osmanen verschiedene Kompotte, wie zum Beispiel aus Sauerkirschen. Leute, die sich mehr leisten konnten, gönnten sich Kompotte.

„Baklava" ist eine bekannte Süßspeise, die nur im Palast des Sultans serviert wurde und weniger in den Häusern der Stadtbewohner. Beim Servieren benötigte man Tabletts, da die Süßspeise in großen Mengen zubereitet wurde. In der osmanischen Küche durfte „baklava" sowie auch „helva" keinesfalls fehlen. „Helva" kombinierte man in verschiedenen Varianten[13]. Zum Beispiel gab es die Herstellung mit Honig und Mandeln oder mit Sesam. Helva wurde auch bei Trauerfeiern für das Seelenheil eines Toten verteilt. „Asure" ist ebenfalls sehr bedeutsam bei Feiern; diese Süßigkeit ähnelt dem Pudding, der Rosinen, Mandeln, Korinthen, Nüsse, weiße Bohnen, Weizenkörner und Pistazien enthält. An jedem zehnten Tag des Mondmonates Muharrem wird „asure" zum Andenken an den Propheten Husayn zubereitet.

3.7. Getränke und Milchprodukte

Wasser war das Hauptgetränk der meisten Menschen. Natürlich gab es verschiedene Getränke, die aber eher am Sultanshof zu finden waren. Man hatte zur Auswahl das süße Getränk Scherbett. Daneben wurde sehr gerne Tee getrunken, dass laut Suraiya Faroqhi wahrscheinlich aus entweder China oder über Russland oder auf dem langen Weg über Südostasien und den Hidschas den Weg ins Osmanische Reich fand. Hierzu gehören Fencheltee und „salep", welcher aus den Wurzeln eines Orchideengewächses zubereitet wurde. [14]

---

[12] Suraiya Faroqhi: Kultur und Alltag im Osmanischen Reich, München 1995, S.235.
[13] http://www.tuerkenbeute.de/kun/kun_leb/OsmanischTischKultur_de.php
[14] Suraiya Faroqhi: Kultur und Alltag im Osmanischen Reich, München 1995, S.240.

Zudem wurde Kaffee seit der zweiten Hälfte des 16. Jahrhunderts sowohl Zuhause als auch in Kaffeehäusern genossen. Der Kaffe kam aus Jemen in das Osmanische Reich.[15]

In Diyarbakir gab es sehr gute Kuhmilch, die oft den Gästen angeboten wurde. Butterfett war weit verbreitet, weil es eine hohe Haltbarkeit hatte. Man hat aber wenige Informationen über Käse; möglicherweise gab es nicht viele Varianten davon.

3.8. Die Esskultur im Ramadan-Monat

Der Ramadan-Monat ist der wichtigste Monat im Jahr für die Muslimen. Es ist eine Form des Gottesdienstes. Durch diesen Monat lernte man verschiedene Sitten und Traditionen kennen. Nur eine dieser Traditionen bezieht sich auf die Tischkultur.

In der Fastenzeit wird das Essen zweimal am Tag vorbereitet, d. h. einmal bevor die Sonne aufgeht („sahur") und einmal nach Sonnenuntergang („iftar"). Die Mahlzeit zum „iftar" wird nach vorgegebenem Zeitplan hergerichtet. Im Osmanischen Reich wurden die Menschen durch einen Kanonenschuss über den Zeitpunkt des Fastenbrechens informiert. Das Besondere in der Fastenzeit ist, dass alle zusammen am Tisch sitzen und gemeinsam essen. Bevor man mit dem hauptsächlichen Essen begann, nahmen die Gläubigen entweder ein Schluck Wasser zu sich oder aßen eine Olive. Einige bevorzugten auch Datteln. Da Essen in großen Mengen ist unverträglich für den Magen, deshalb haben die Menschen damals erst mit kleinen Portionen angefangen zu essen. Es gab auf Tellern Käse, Oliven mit Gurken. Eine der Vorlieben war das warme Fladenbrot. Nach dem Stillen des Hungers war es Zeit für die Gebete, um sich bei Gott für das vorhandene Essen zu bedanken .

Bei der Vorspeise gab es wie üblich eine Suppe mit Räucherfleisch („pastirma") und Zwiebeln. Diese erwähnte Suppe wurde in Sultanspalästen sehr häufig serviert, aber das Volk konnte sich diese Suppe nicht täglich leisten. Der Hauptgang bestand zum größten Teil aus Fleischgerichten. Als Nachspeise kamen die verschiedenen Süßigkeiten, wenn man sie sich leisten konnte.

---

[15] Suraiya Faroqhi: Kultur und Alltag im Osmanischen Reich, München 1995, S.241.

Zum Fastenbrechen war es Tradition (auch heute noch), dass man Gäste einlud und mit ihnen zusammen aß. Beim Essen vor Sonnenaufgang blieb die Familie jedoch unter sich. Zu dieser Mahlzeit verspeisten die gläubigen Osmanen Reis oder „börek" mit „Komposto", also ein Süßgetränk.

Der Sultan ließ für zehn Janitscharen immer ein Tablett „baklava" zubereiten und erfüllte somit eine Sitte, mit folgender Bedeutung: wenn die Janitscharen mit der Regierung zufrieden waren, dann wurde die süße Nachspeise aufgegessen und die Tabletts kamen leer wieder am Palast an. Falls sie unzufrieden waren, erhielt der Palast die vollen Tablettes zurück.

3.9 Der Gastgeber und die Geselligkeit

Die Geselligkeit war mit den Speisen verbunden, wobei man auf die Trennung der Geschlechter besonders achtete. Der Essraum wurde in zwei Bereiche unterteilt, somit gab es eine Trennung zwischen Mann und Frau. Die Ehefrau des Mannes servierte das Essen. Sie kümmerte sich sowohl für das Essen der Frauen als auch für das Essen der Männer. Es war sehr wichtig, dass man den Gästen zumindestens etwas zum Trinken anbot. Zum Beispiel bot man Kaffee, Tee oder Scherbett an.

Es war sehr wichtig, dass der Gastgeber seinen Gästen eine angenehme Atmosphäre verschaffte. Dazu gehörte auch die musikalische Darbietung, denn in den Harems vornehmer Frauen hatte man Sklavinnen, die sangen und so konnte die Gastgeberin ihren eigenen Geschmack präsentieren. Zudem hatten auch die Gäste die Möglichkeit, sich nach dem Essen bei der Musik zu entspannen.

4.Resümee

In dem Buch „Kultur und Alltag im Osmanischen Reich" von Suraiya Faroqhi werden sowohl das Essen als auch das Essverhalten der Osmanen untersucht und interpretiert. Der Leser/die Leserin hat die Möglichkeit, einen Einblick in die osmanische Küche zu erhalten und daraus erste Eindrücke zu gewinnen. Hier werden nicht nur die Nahrungsmittel bis ins Detail beschrieben, sondern es wird auch erklärt, wie diese Produkte verarbeitet und verspeist wurden.

Im Osmanischen Reich versuchten die Osmanen, vielfältige Gerichte herzustellen und probierten diese in diversen Varianten aus. Das Sozialprestige war sehr eng damit verbunden, welches Essen oder welches Nahrungsmittel man sich leisten konnte, denn eine Ware wie Fleisch konnte sich nicht jeder Stadtbewohner oder jeder Bauer auf dem Land besorgen.

Die Esskultur, die sich entwickelte, und welche Produkte wie zubereitet wurden oder welche Beilage am besten zu welchem Gericht passte, ergab sich in der Küche des Sultans. Jeden Freitag hat der Sultan für die ärmeren Stadtbewohner Essen kochen lassen.[16] Auch bei Beschneidungsfeiern wurden die Stadt- und Landbewohner mit verschiedenem Essen versorgt. Somit verbreiteten sich die Gerichte auf dem ganzen Land, die im Sultanshof zubereitet wurden.[17]

Das Verhalten des Gastgebers spielte dabei ebenfalls eine Rolle, denn es war besonders wichtig, dass der Gast eine angenehme Atmosphäre bekam und sich amüsieren konnte. Dadurch konnte nämlich der Gastgeber seinen Geschmack und seine organisatorischen Talente hervorheben. Der Gast wurde sehr geschätzt und mit den Gerichten verwöhnt. Das Gastmahl des Sultans war das Herzstück seines Gesamtkunstwerks mitsamt den Komplimenten der Beteiligten. Der Sultan legte großen Wert auf die Vor- und Zubereitung der Gerichte, die dem Gast bei Anlässen, Festen oder Zeremonien vorgesetzt wurden.

Es war wichtig, dass musikalische oder literarische Darbietungen neben dem Essen geboten wurden. Solch eine Darbietung zeigte die hohen Künste und die Geschmacksrichtung des Gastgebers.

Im Ganzen stellte das Essen ein signifikantes kulturelles und gesellschaftliches Ereignis dar. Eine Rangfolge zeigte sich unter Stadtbewohnern, denn nicht jeder in der Stadt hatte eine gute finanzielle Lage. Daher gab es Unterschiede zwischen den wohlhabenden und den ärmeren Stadtbewohnern.

---

[16] http://islambulteni.blogcu.com/etiket/padi%C5%9Fahlar%20dindarm%C4%B1yd%C4%B1
[17] http://www.guncelle.com/tarih-makaleleri/391269-osmanli-mutfagi.html

Die erwähnten essbaren Produkte, die im Osmanischen Reich serviert wurden, sind auch heute in der türkischen Küche zu finden. Die türkischen Kochkünste und Gerichte basieren auf den Gerichten der Vorfahren und präsentieren die osmanische Kultur. Natürlich hat es auch Veränderungen gegeben, wie zum Beispiel die Geschlechtertrennung am Tisch. Heutzutage wird es immer noch für sehr wichtig gehalten, dass die ganze Familie am Tisch zusammen mit all ihren Angehörigen sitzen und gemeinsam essen kann.

Literaturangabe:

KREISER, KLAUS: Der Osmanische Staat 1300-1922, München 2001, S.1.

SURAIYA, FAROQHI: Kultur und Alltag im Osmanischen Reich, München 1995, S. 229-241.

http://www.br-online.de/wissen-bildung/collegeradio/medien/geschichte/bosporus/hintergrund/

http://islambulteni.blogcu.com/etiket/padi%C5%9Fahlar%20dindarm%C4%B1yd%C4%B1

http://www.guncelle.com/tarih-makaleleri/391269-osmanli-mutfagi.html

http://www.bodrumsseiten.de/html/osmanische_gerichte.html

http://www.tuerkenbeute.de/kun/kun_leb/OsmanischTischKultur_de.php